Max lernt schwimmen

Eine Geschichte von Christian Tielmann
mit Bildern von Sabine Kraushaar

CARLSEN

Max' allerbeste Freundin Pauline hat das Seepferdchen gemacht. Ganz allein und ohne Max. Das findet Max ein bisschen unfair. Denn er kann auch schon schwimmen – jedenfalls fast.

„Du wirst das Seepferdchen niemals schaffen", sagt Felix, der große Bruder von Max. „Du bist nämlich keine Wasserratte, sondern nur eine Landratte." Felix hat sogar schon das Schwimmabzeichen in Bronze auf seiner Badehose.

„Ich lerne schneller schwimmen, als du denkst!", ruft Max wütend.

Zum Glück hat Max' Mama gerade Urlaub.
„Wir gehen einfach jeden Tag ins Schwimmbad und üben schwimmen", hat sie Max vorgeschlagen.
Das Schwimmbad findet Max super. Schon am Eingang riecht es so schön nach Chlorwasser. Mama kauft an der Kasse eine Zehnerkarte. Die Frau gibt Mama ein Armband mit einem eingebauten Schlüsselchip.
„Willst du auch schon einen eigenen Schrank?", fragt sie Max.
„Na klar!", sagt Max und bekommt auch so ein Schlüsselarmband.

„Muss ich mich bei den Jungs umziehen?“, fragt Max vor den Umkleidekabinen. In die Jungsumkleide traut er sich eigentlich nur, wenn er zusammen mit Felix oder Papa ins Schwimmbad geht.
„Quatsch, wir beide sind doch eine Familie“, sagt Mama und schiebt Max in eine große Kabine für Familien.
Dort ziehen sie sich ihre Badesachen an: Max schlüpft in seine Badehose. Mama zwängt sich in ihren knallroten Badeanzug.
Dann hält Mama das Armband mit dem Chip vor einen Schrank. Die Tür springt auf und sie verstaut ihre Kleider in dem Schrank.
Max stopft seine Kleider und Schuhe in den Schrank daneben.

„Ich geh schon mal ins Wasser!“, sagt Max.
„Nichts da!“, ruft seine Mutter. „Zuerst wird geduscht!“
Nach dem Duschen pustet Mama die Schwimmflügel auf. Dann gehen sie endlich in die Schwimmhalle. Max springt direkt ins Nichtschwimmerbecken.
„Eigentlich kannst du schon fast schwimmen, Max“, sagt seine Mutter. Sie zeigt ihm noch einmal, wie er die Beine und wie er die Arme bewegen soll. Das kann Max wirklich schon.

„Guck mal, wie mutig der Junge ist, Robin!“, sagt ein Vater zu einem Jungen, der ängstlich am Beckenrand sitzt.
„Aber das ist viel zu viel Wasser!“, schluchzt Robin.
„Ach was, komm rein!“, ruft Max. „Hier kann sogar ich stehen! Und ich bin auch nur eine Landratte und keine Wasserratte!“
Da traut sich auch Robin ganz vorsichtig ins Wasser.

„Du musst nur noch richtig ein- und ausatmen üben“, sagt Mama.
„Ich halte dich unter dem Bauch fest, damit du kein Wasser schluckst.“
Max muss immer dann einatmen, wenn Mama „Luft rein!“ sagt, und er
soll immer dann ausatmen, wenn Mama „Luft raus!“ sagt.
Schließlich probiert es Max ohne Mamas Hand. Und er schafft eine kurze
Strecke schon ganz allein!

„Hallo Jungs! Ich hab euch was mitgebracht!“, sagt Papa, als er am Abend nach Hause kommt. Max und Felix packen zwei aufblasbare Schwimmtiere aus. Mama und Papa müssen beim Aufpusten helfen. Felix hat einen Dinosaurier bekommen und Max einen Hai.
„Schade, dass wir die nicht mit ins Schwimmbad nehmen dürfen“, sagt Max.
„Doch! Das dürft ihr!“, sagt Papa. „Am Samstag ist doch großer Spaßschwimmtag!“

MAUS ZEIT

CARLSEN

RÄTSELN • MALEN • BASTELN • LESEN

LESEMAUS-INFO-SEITE

112

Es ist wichtig, die Telefonnummer der Feuerwehr zu kennen. Male die Zahlen in deiner Lieblingsfarbe an.

DIE FEUERWEHR

- Feuerwehrleute brauchen Kleidung, die sie vor Hitze und Rauch schützt.
- Am Sicherheitsgurt tragen sie wichtige Werkzeuge.
- Sie verständigen sich am Einsatzort mit einem Funkgerät.

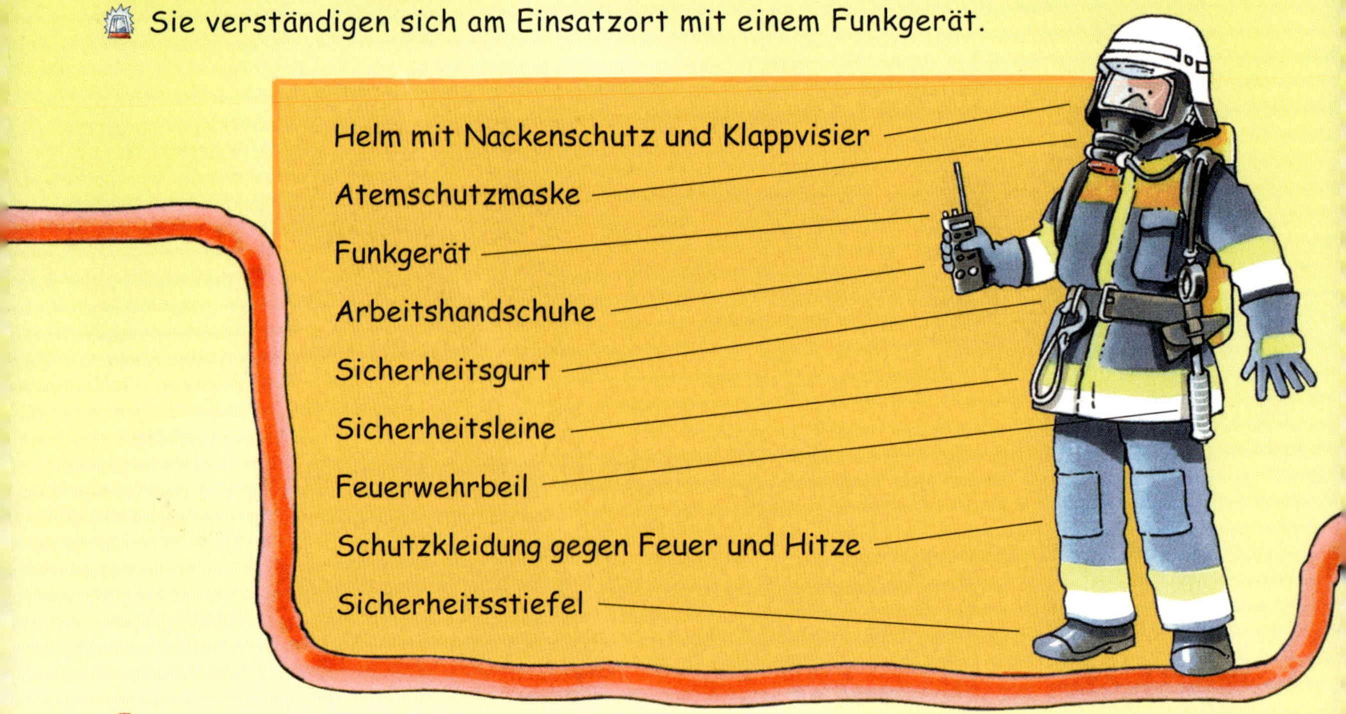

? Welche Feuerwehrfahrzeuge fahren nach links? Kreuze sie an!

Einsatzwagen ○ Tanklöschfahrzeug ○ Drehleiter ○ Rettungswagen ○

Noch viel mehr Rätsel, Ausmalbilder und Basteltipps sowie Rezepte findest du auf **www.lesemaus.de**

DAS LÖSCH-RÄTSEL

Welcher Schlauch löscht welches Feuer? Zeichne jeden Schlauch in einer eigenen Farbe nach.

DER BRANDTEIG

Kranwagen

LESEMAUS-BASTELTIPP

GEHEIMSCHRIFT MIT WASSERZEICHEN

Wasserzeichen sind geprägte, unsichtbare Erkennungszeichen im Papier. Wenn das Papier trocken ist, kannst du nichts erkennen. Tauchst du es aber in Wasser, wird das Wasserzeichen sichtbar. So kannst du prima Geheimbotschaften verfassen, die nur deine Freunde sehen können! Und das funktioniert so:

1. Tauche ein Blatt Papier in Wasser und lege es auf eine glatte, feste Unterlage.
2. Lege ein zweites, trockenes Blatt darauf.
3. Male oder schreibe mit einem harten Bleistift die Botschaft auf das Papier.

Damit niemand deine Botschaft sehen kann, wirfst du das trockene Blatt sofort weg. Trocknet das nasse Blatt Papier, verschwindet die durchgedruckte Botschaft. Doch sobald deine Freunde das Papier wieder in Wasser tauchen, erscheint deine Botschaft wie von Geisterhand!

DEIN LESEMAUS-WUNSCHZETTEL

Band 104
Ich hab einen Freund, der ist Polizist

O Wünsche ich mir

Band 95
Dinosaurier

O Wünsche ich mir

Band 101
Große Fahrzeuge im Alltag

O Wünsche ich mir

Band 4
Max geht nicht mit Fremden mit

O Wünsche ich mir

RÄTSELLÖSUNGEN:

? Drehleiter und Kranwagen fahren nach links.

LESE MAUS
Geschichten, die die Welt erklären!

Redaktion: I. Rieck, J. Marquart I Gestaltung: T. Müller, Hamburg I Lithografie: Buss & Gatermann, Hamburg I Illustration der Lesemaus: H. Müller, T. Müller, D. Tust
Illustrationen: R. Butschkow, E. Muszynski, D. Tust

Max und Felix jubeln. „Da müssen wir hin!“

Am Samstag gehen Max und Pauline mit Felix und den Eltern zum Spaßschwimmtag.
„Das müsste eigentlich Spaßtag heißen“, sagt Max, als sie die Schwimmhalle betreten. Denn zum Schwimmen ist im Nichtschwimmerbecken kein Platz mehr. Aber zum Rumtoben mit dem neuen Hai reicht der Platz zum Glück auch so.

Max übt in der nächsten Woche jeden Tag mit Mama schwimmen. Und am Ende der Woche hat er den Trick mit dem Ein- und Ausatmen endlich raus! Mama schwimmt neben ihm, als sie das erste Mal durch das tiefe Wasser schwimmen.
Max schafft eine ganze Bahn ohne Schwimmflügel und ohne Hilfe!
„Herzlichen Glückwunsch!“, sagt der Schwimmmeister. „Ich hab dich schon die ganze Woche beobachtet. Du hast ja irre schnell schwimmen gelernt!“

„Krieg ich jetzt das Seepferdchen?“, fragt Max.
Der Schwimmmeister schüttelt den Kopf. „Noch nicht ganz. Den schwierigsten Teil hast du aber schon geschafft: eine Bahn schwimmen. Aber traust du dich auch, vom Beckenrand ins Wasser zu springen?“
Das ist für Max keine Frage. Ins Becken zu springen, das ist doch das Größte! Max klettert aus dem Wasser, springt rein, klettert wieder raus und springt wieder rein und klettert wieder raus und springt wieder rein, bis der Schwimmmeister ruft: „Danke, Max, das reicht!“

Jetzt muss Max noch nach einem Ring tauchen, den der Schwimmmeister ins Nichtschwimmerbecken wirft. „Juhu, tauchen!“, freut sich Max. Er hält die Luft an und fischt den Ring aus dem Wasser.

„Gut gemacht, Max!“, sagt der Schwimmmeister und überreicht Max das Seepferdchen-Abzeichen und eine Urkunde. „Kennst du denn auch die wichtigsten Baderegeln?“
„Na klar: Mit vollem Bauch darf man nicht ins Wasser!“, sagt Max wie aus der Pistole geschossen. Denn das hat ihm Mama schon hundertmal gesagt.
„Sehr gut!“, sagt der Schwimmmeister. „Zwei Stunden vor dem Schwimmen soll man nichts mehr essen. Weißt du noch eine andere Regel?“
Max überlegt. „Vor dem Schwimmen muss man duschen.“
Der Schwimmmeister nickt. „Richtig. Schließlich ist das Schwimmbad nicht für Dreckspatzen da, sondern für solche Wasserratten wie dich.“

„Jetzt bin ich auch eine Wasserratte!“, jubelt Max am Nachmittag. „Das hat der Schwimmmeister gesagt.“ Nun muss es sogar Felix zugeben.